Heidemarie Pöchtrager

Die Stille spricht zu dir

Energetische Fibel zur Bibel

Alle in diesem Buch angeführten Empfehlungen ersetzen nicht eine schulmedizinische Abklärung und Behandlung. Sie sind als Ergänzung in Absprache mit deinem Arzt zu sehen. Autor und Verlag übernehmen keine Haftung oder Verantwortung für eventuelle Folgen, die aus den Informationen aus dem Buch resultieren.

Bibliografische Information der deutschen Nationalbibliothek: Die deutsche Nationalbibliothek verzeichnet diese Publikation in der deutschen Nationalbibliografie, detaillierte bibliografische Daten sind im Internet über dnb.dnb.de abrufbar.

TWENTYSIX – der Selfpublishingverlag

Eine Kooperation zwischen der Verlagsgruppe Random House und BoD – Books on Demand

© 2017 Pöchtrager Heidemarie

Herstellung und Verlag:
BoD - Books on Demand, Norderstedt

ISBN 9783740728380

INHALTSVERZEICHNIS

Einleitung 10

1. Kapitel - Energie 12
1. Definition Energie 12
2. Die Aura eines Menschen 14
2.1. Erklärung Aura 14
2.2. Was beeinflusst die Aura positiv? 17
2.3. Was ist für die Aura negativ? 25

2. Kapitel – Die häufigsten Arten der Energiearbeit 29
1. Mediales Arbeiten 29
2. Auralesung und Chakrenstärkung 31
3. Prana 32
4. Massagen und Klangschalentherapie 33
5. Geistheilung, Mentaltraining 34
6. Homöopathie, Pflanzenheilkunde, Salzanwendung, Ölanwendung 34

7. Energiearbeit mit Hilfsmittel 35

3. Kapitel - Christentum 38
1. Die Entstehung der Erde 38
2. Jesus Christus 39
3. Kirchenfeiertage und Kirchenfeste 44
4. Gottesdienste und Pfarrfeste 58
5. Heilige und Erzengel 61
6. Energetischer Schutzaufbau 63

4. Kapitel - Tod und Erlösung 67
1. Tod aus energetischer Sicht 67
2. Begräbnis und Verabschiedung 70
3. Welche Verbindung bleibt zum Verstorbenen ... 72
4. Mit Kindern über den Tod sprechen 73

5. Kapitel - Was ist der Himmel? ... 77
1. Lokalisation des Himmels 77
2. Was ist ein Engel? 78
3. Energetische Heilung 80

4. Kontaktaufnahme zu Gott und Engeln 82
5. Kommunikationsformen eines Engels 83
6. Was hat Gott mit der Erde vor? 84

Was hinter uns liegt und was vor uns liegt ist unbedeutend, wenn man es daran misst, was in uns liegt.

(Ralph Waldo Emerson)

EINLEITUNG

Ich lade dich ein, mit mir gemeinsam altes energetisches Wissen zu erforschen. Energetik und rituelle Handlungen gab es in allen Zeiten und allen Kulturen. Vieles davon wurde wieder vergessen oder sogar verboten. In diesem Buch wird ein Teil dieses mystischen Wissens erklärt. An Hand der im Buch vorgestellten Informationen bist du in der Lage, deine Lebenskraft positiv zu beeinflussen.

Alle Informationen dieses Buches sind von Heiliger Maria und Erzengel Metatron und Kryon übermittelt.

Ich bin seit meiner Kindheit in der Lage, mit Engeln zu channeln und ihre Informationen weiterzugeben.

Die Informationen dieses Buches sind als zusätzliche Hilfe zur Inanspruchnahme einer Schulmedizinischen Beratung zu empfehlen.

Auch wenn du nicht an Gott glaubst, dieses gechannelte Wissen ist auch für dich gültig.

Alle Weltreligionen haben das Ziel, energetische Informationen zu übermitteln und zu einem erfüllten Leben zu führen. Ich selbst bin Christin und glaube an Jesus Christus, sehe ihn jedoch ergänzend zu allen anderen Religionen und Propheten.

In diesem Buch gibt es daher auch neue Informationen zum Leben von Jesus Christus sowie zur katholischen Glaubensrichtung.

Die wirkliche Schönheit der Blume
scheint durch die Form hindurch, und nur das
Formlose in mir erkennt sie in einem Moment
der Stille.

(Eckhart Tolle)

1. KAPITEL – ENERGIE

1. DEFINITION ENERGIE

Energie ist Lebenskraft. Sie entsteht durch die Bewegung von nicht sichtbaren oder spürbaren Subteilchen. Diese sind von der Quantenphysik noch nicht gänzlich erforscht. Sie entwickeln Gase, Flüssigkeiten und feste Körper.

Auch feinstoffliche Energien (z.B. Engel) bestehen aus denselben Subteilchen.

Die Bewegungsform dabei ist jedoch eine spiralenförmige, die es auf der Erde so nicht gibt. Auch Licht und Gedankenkraft bestehen aus diesen Teilchen. Bei Energiebehandlungen werden sie übertragen und lösen Heilungen aus.

WELCHE ENERGIE IST DIE VORHERRSCHENDE AUF DER ERDE ?

Die vorherrschende Energie auf der Erde wird von allen Lebewesen bestimmt. Menschen beeinflussen mit ihrem Herzchakra die Gesamtenergie der Erde sehr stark. Wie du erkennst, bist auch du, wie alle anderen, an der Grundenergie der Erde mitbeteiligt.

Wären alle Menschen stark in ihrem Herzchakra, wäre die Grundenergie „Liebe". Da alle negativen Emotionen und Handlungen das Herzchakra schwächen, ist die Grundenergie auf der Erde derzeit „Hass".

Wer sich selbst stärken möchte, sollte sich selbst in seiner Persönlichkeit annehmen und lernen, seine Grenzen und die Grenzen der anderen zu respektieren. Dadurch wird der eigene Selbstwert gestärkt und die Kommunikation mit anderen Menschen positiv. Dies stärkt dein Herzchakra und verbessert die Energie auf der gesamten Erde.

2. DIE AURA EINES MENSCHEN

ERKLÄRUNG AURA

Jeder Mensch besitzt ein unsichtbares Energiefeld, das den Körper umgibt und durch den Körper fließt. Dieses Energiefeld nennt man „Aura".

Jede Aura besteht aus unterschiedlichen Schichten und Farben. Durch den Körper fließt die Energie spiralenförmig. Sie zirkuliert in jedem Chakra und verbreitet sich von dort aus.

Zunächst wird der Körper von 7 Auraschichten umhüllt. Sie zeigen die Farbe und Intensität, sowie die Blockaden der dazugehörenden Energiechakren. Diese sieben Schichten werden von der Grundfarbenschicht der Aura umflossen. Starke Seelenkraft ist gekennzeichnet durch schnelle Bewegung der Teilchen, die wahrgenommen werden.

Alle Auraschichten dienen dem energetischen Schutz des Menschen. Bei positiver Energiearbeit können diese Schichten verstärkt werden und dauerhaft mit Lichtkraft über die universelle Einheit durchflutet werden.

Die Grundfarbe der Aura bleibt ein Leben lang bestehen. Derzeit befinden sich auf der Erde Menschen mit folgenden Grundfarben: Rot, Orange, Gelb, Türkis, Lila, Rosarot, Weiß, Silber, Gold, Aurum.

Jeder Grundfarbe ist auf der Erde eine bestimmte Seelenaufgabe zugeordnet:

Rot:

Arbeitskraft positiv einsetzen und Teamfähigkeit lernen.

Orange:

Architektur und Planung für die Menschen einsetzen lernen, Wohltätigkeit über Egozentrismus stellen.

Gelb:

Vertrauen in das Leben finden und anderen Menschen geben.

Blau, Türkis, Übergang zu Violett und Lila:

Menschenliebe erkennen und erlernen, Toleranz allen Lebewesen gegenüber praktizieren.

Rosarot

Helferberufe, Stärkung der Schwachen der Gesellschaft.

Weiss:

Menschen in Liebe führen und Kraft geben, im Einklang mit sich, anderen Lebewesen und der Erde leben lernen.

Weiss mit Silberpunkten:

Heilende Tätigkeiten.

Weiss mit Goldpunkten:

Ihre Aufgabe ist es, neues energetisches Wissen zu verbreiten und den Weg zur universellen Einheit zu zeigen. Heilertätigkeit.

Gold und Aurum:

Kommt auf der Erde ganz selten vor, kann nur in Zurückgezogenheit beibehalten werden, da es sonst zu starken Energieverlusten käme. Daher ist die Aufgabe denen gleich, die eine weisse Aura mit Goldpunkten besitzen.

WAS BEEINFLUSST DIE AURA POSITIV?

Eine Aura kann positiv und negativ beeinflusst werden.

Positiv beeinflusst wird sie durch:

1. Körperwaschungen
2. Salzreinigungen
3. Energiebehandlungen
4. Bäder
5. Beten und Meditation
6. Segnung und Kraftgebung
7. Ölungen und Speisungen
8. Anwendung von Kräuterduschen

Körperwaschungen

Mit Körperwaschungen kann die Aura gereinigt und mit neuer Energie aufgeladen werden.

REINIGUNG: Verwende anstelle eines Duschgels einen Eßlöffel Meersalz und dusche damit wie gewohnt.

ENERGETISIERUNG: Stelle eine kleine Wanne mit kaltem Wasser bereit und stelle dich hinein. Beginne nun, im Wasser 5 Minuten lang zu treten. Die Bewegung ähnelt einem Strampeln. Du kannst das auch bei einem Bachufer durchführen.

Salzreinigung

Es gibt 3 Arten der energetischen Reinigung mit Salz.

1. Körperwaschung mit Salz

2. Einnahme von Glaubersalz zur Darmreinigung und zur Vorbereitung auf eine Fastenkur (am besten mit Hilfe einer professionellen ärztlichen Anleitung)

3. Reinigung von Räumen: Streue in jede Raumecke einen Teelöffel Meersalz. Nach 8 Stunden kannst du das Salz wieder entfernen. Diese Reinigung beseitigt jegliche negative Energie und erhält die positive Energie für ca. 8 Wochen.

Energiebehandlungen

Mit entprechenden Energiebehandlungen kann die Aura von Menschen, Tieren oder Pflanzen gereinigt, energetisiert und in Balance gebracht werden.

1. Aurareinigung:
Die Aura wird durch Abstreifen mit den Händen oder durch Reinigung des rückwärtigen Solarplexuschakras gereinigt. Manchmal ist es notwendig, mit bestimmten Farben zu reinigen.

2. Auraenergetisierung:
Nach der Reinigung wird die gesamte Aura des Menschen oder Teilbereiche davon mit entsprechender Farb-Licht-Behandlung energetisiert.

Bäder

Es werden Voll- und Teilbäder unterschieden.

Bei **Vollbädern** wird eine Salz- Kräutermischung beigemengt, um eine Körperkräftigung und eine Energieverbesserung herzustellen. Die Wassertemperatur sollte nicht zu heiss sein. Menschen mit Herz- Kreislaufbeschwerden oder schwachen Venen sollten vor der Anwendung eines Bades einen Arzt zu Rate ziehen. Die Dauer des Vollbades beträgt 20 Minuten.

Diese Vollbäder (Trockenkräuter) können empfohlen werden:

PSYCHESTÄRKEND: 1 EL Salz, 2 EL Johanniskraut

NERVENSTÄRKEND WIRBELSÄULE: 1 EL Salz, 5 EL Hopfen

NERVENSTÄRKEND MAGEN: 1 EL Salz, 2 EL Melisse, 2 EL Thymian, 1 EL Milch

IMMUNSTÄRKEND: 1 EL Salz, 1 EL Lavendelblüten

VENENSTÄRKEND: 1 EL Salz, 1 EL Rosmarin

AKNE: 1 EL Salz, 1 Teelöffel Pfefferminze

Nach jedem Vollbad sollte man sich 1 Stunde lang ausruhen.

Bei **Teilbädern** werden bestimmte Energiezentren besonders gestärkt. Bei Hand- und Fußbädern beträgt die Dauer 10 Minuten, das Wasser sollte lauwarm sein. Auch für Menschen mit Venenschwäche oder Herzschwäche sind Teilbäder meistens durchführbar. Nach einem Teilbad sollte man sich ebenso 1 Stunde lang ausruhen.

Beten und Meditation

Sobald ein Mensch betet oder meditiert, beginnt sich seine Aura sofort zu reinigen.

Segnung und Kraftgebung

Jeder Mensch kann seinen Gott bitten, einen bestimmten anderen Menschen zu segnen. Die Aura dieses Menschen wird sofort gereinigt werden und kosmische Kraftenergie wird ihm zugeführt werden. Eine Segnung ist auch mehrmals täglich positiv.

Speisungen und Ölungen

Unter „**Speisung**" versteht man die Aufnahme von Lichtnahrung.

Es ist möglich, neben fester und flüssiger Nahrung auch energetische Nahrung aufzunehmen. Diese ist unsichtbar und führt auch Kalorien zu.

Es ist nicht ratsam, eine lange Zeit ausschließlich von Lichtnahrung zu leben, obwohl es für die meisten Menschen nach einer Vorbereitungsphase möglich wäre. Ohne erdende Vorbereitung wird der Mensch psychisch zu labil.

Menschen, die von Geburt an eine große Seelenkraft aufweisen, keine schlimmen Traumatisierungen in ihrer Kindheit erlitten haben und eine erdende Tätigkeit ausüben, können sich auch dauerhaft von Lichtnahrung ernähren.

Lichtnahrung hat den Sinn, ergänzend angewendet zu werden. Besonders bei Hunger, Krankheit oder Schwäche sollte sie immer zusätzlich zur üblichen Ernährung empfohlen werden. Jeder Mensch (auch Kinder) ist auch ohne Vorbereitung in der Lage, Lichtnahrung ergänzend täglich zu sich zu nehmen.

Die lange Vorbereitung der Erdung ist nur bei ausschließlicher energetischer Ernährung für mehr als 3 Tage erforderlich.

Die einfachste Möglichkeit, Lichtnahrung aufzunehmen, ist folgende:

Schließe deine Augen. Nun stell dir vor, dass du einen Löffel mit Honig im Mund hast und beginne zu kauen. Versuche, dir vorzustellen, dass der Honig gut schmeckt. Beende den Kauvorgang nach einer Minute mit einem letzten Schlucken.

Dadurch hast du Lichtnahrung aufgenommen und bist gestärkt. Du kannst diese Übung beliebig oft am Tag durchführen. Ein „Zu viel" gibt es dabei nicht. Sie hat nur positive Auswirkungen und niemals bewirkt sie etwas Negatives.

Wer regelmäßig Lichtnahrung aufnimmt, ist stressresistenter und hat im Alltag mehr Power.

Besonders bewährt sich eine vermehrte Aufnahme dieser energetischen Nahrung während einer Fastenkur. Bitte beachte, dass du nur unter ärztlicher Begleitung fasten solltest!

Speisungen (also Lichtnahrung) hat es in allen Zeiten schon gegeben. Jesus Christus und Buddha sind die berühmtesten Beispiele für die regelmäßige Aufnahme von dieser Energienahrung. Ansonsten hätten beide ihre Hungerphasen nicht überlebt.

Unter „Ölung" versteht man die Anhebung der Körperenergie mit Hilfe von Ölbehandlungen. Sie sollte immer in Kombination mit einer Speisung geschehen.

Anwendung einer Kräuterdusche

Besonders im Mittelalter wurden Kräuterabreibungen und Trockenbäder zur Heilung von diversen Krankheiten empfohlen. Hier einige Beispiele, die du auch selbst leicht ausprobieren kannst:

Grundsätzlich kannst du deinen Brustbereich und deinen Beinbereich abreiben. Für die Wirksamkeit ist jedoch eine Abreibung der Beine alleine ausreichend. Dafür nimmst du die empfohlene Kräutermischung in deine Hand und massierst damit von den Zehen beginnend bis zum Oberschenkel deine Beine ab. Zuerst wird das linke Bein abgerieben, danach das rechte. Anschließend kannst du dich duschen und benötigst keine Ruhephase. Die Anwendung sollte regelmäßig durchgeführt werden.

LYMPHESTÄRKEND: Lavendelblüten, getrockneten Oregano zu gleichen Teilen

BLASENSTÄRKEND: 1 Teil Vanillezucker (echte Vanille), 1 Teil Himbeerblätter

HERZSTÄRKEND: 2 Teile Melisse, 2 Teile Johanniskraut

VENESTÄRKEND: geriebenen Kaffee

HORMONAUSGLEICHEND IN DER MENOPAUSE: 2 Teile Schafgarbe, 1 Teil Johanniskraut

Wie du siehst, ist es möglich, über eine positive Beeinflussung der Aura und des Körpers Stärkungen und Heilungen auf sehr einfache Weise zu bewirken.

WAS IST FÜR DIE AURA NEGATIV?

Die Aura eines Menschen kann nicht nur positiv, sondern auch negativ beeinflusst werden. Dadurch entsteht ein Ungleichgewicht im Körper, in der Seele oder im Geist.

Wird diese Dis-Balance nicht ausgeglichen, entsteht eine Erkrankung. Bei akuten Erkrankungen hilft es, den Ausgleich wieder herzustellen. Bei chronischen Erkrankungen ist diese Wiederherstellung schwieriger. Es muss öfters behandelt werden und die gesamte Lebenssituation verändert werden. Nur so kehrt die Krankheit nicht wieder.

Jede schlechte Lebenserfahrung (Stress, Ärger, Neid, Wut, Hass, Eifersucht, Schock, Unfälle, Verletzungen, Streit, Ängste, usw.) schädigt das Energiefeld. Ein schweres Trauma schädigt die Aura so stark, dass ein „Auraloch" entsteht. Um dieses wieder zu heilen, benötigt man eine ausgleichende Energiebehandlung.

Besonders stark wird die Aura durch sexuellen Missbrauch geschädigt. Diese Heilung benötigt mehrere Jahre.

Auraschädigung durch sexuellen Missbrauch

Es gibt unterschiedliche Möglichkeiten des sexuellen Missbrauchs. Alles, was die individuelle körperliche Grenze eines Kindes bzw. Erwachsenen überschreitet, bezeichnet man als körperlichen Missbrauch. Bei Erwachsenen spricht man von körperlichen Übergriffen oder Vergewaltigung.

Die Schädigung der Aura entsteht durch Berühren gleichermaßen wie durch Hineinstecken von Gegenständen, Fingern oder dem männlichen Glied in den After oder die Vagina. Auch das Zufügen von Schmerzen im Genitalbereich oder Afterbereich ist ebenso schädigend.

Es entsteht ein massiver Energieverlust in jedem Energiezentrum des Körpers. Bei Schmerzen oder Verletzungen entsteht ein „Auraloch".

Nicht nur das Energiesystem erleidet eine massive Schädigung, auch die Psyche und die Energiemeridiane werden negativ beeinflusst. Die Psyche, sowie die Aura können aber immer geheilt werden.

Wer Opfer eines sexuellen Missbrauchs geworden ist, kann seine Energie und seine Psyche auch Jahrzehnte später noch heilen. Manche Missbrauchserfahrungen werden so stark verdrängt, dass es daran keine bewusste Erinnerung mehr gibt (Amnesie).

Auch wenn Missbrauchserfahrungen geheilt werden, können ein Leben lang Symptome bestehen bleiben. Sehr häufig sind das: Tics, psychosomatische Beschwerden. Diese können mittels Energiebehandlung ausgeglichen werden.

Wenn wir die Seele
eines anderen Menschen berühren,
wandeln wir auf heiligem Boden.

(Stephen Covey)

2. KAPITEL – ENERGIEARBEIT

1. DIE HÄUFIGSTEN ARTEN DER ENERGIEARBEIT

1. MEDIALES ARBEITEN

Darunter versteht man Energiearbeit mittels Hellsicht oder Channeling. Wir alle besitzen eine Veranlagung für Channeling. Manchmal ist jedoch die Anlage gegeben und durch Blockaden nicht erkannt. Für diese Menschen ist eine Blockadenlösung oder die Entwicklung der Channelingfähigkeit sinnvoll. Medien sind in der Lage, Informationen von Engeln und Gott zu empfangen und auch zu verstehen. Sie sind in ihren Gehirnfunktionen hochsensibel und können energetische Impulse von außen als Gehirnimpuls aufnehmen und wahrnehmen. Dadurch können sie Worte, manchmal auch Texte eines Übermittlers (Engel, Gott) hören.

Es ist ähnlich zu verstehen, wie ein intensiver momentaner Gedanke. Ein hellhöriges Medium kann jedoch zwischen eigenen Gedanken und übermittelten Botschaften gut unterscheiden. Bei mir persönlich ist es so, dass ich bereits als Kind Informationen übermittelt erhalten habe, aber erst später den Unterschied zwischen eigenen Gedanken und gechanneltem Wissen erkannte. Alles Übermittelte ist als Stärke spürbar und wird inzwischen von meinem Engel Hl. Maria Mutter Gottes auch mit „Anfang der Botschaft" – „Ende der Botschaft" übermittelt. Als Kind wäre das für mich eine Überlastung gewesen, deshalb empfanden ich und meine Umgebung nur meine „eigenen" Gedanken als ungewöhnlich positiv. Ich war auch in der Lage, Energieteilchen wahrzunehmen und die Aura der Menschen zu erkennen. Diese Hellsicht hat sich in den vergangenen Jahren noch verstärkt. Bei vielen Medien ist der Weg der Hellsichterkennung ein ähnlicher.

Manche Menschen sind hellsichtig, können aber keine Botschaften empfangen. Sie beziehen ihr Wissen über Bilder, die sie wahrnehmen, erhalten aber keine zusätzlichen Informationen über einen Engel oder Gott dazu. Das bezeichnet man als „Hellsicht ohne mediale Begabung".

Die Begabung für eine Hellsicht ist grundsätzlich in jedem Menschen vorhanden. Wer seine Aura und Energie dauerhaft stärkt, entwickelt dadurch auch Hellsicht. Die Hellsicht hat nichts gemeinsam mit einer psychischen oder geistigen Erkrankung, sondern ist eine angeborene Fähigkeit.

Hilfestellungen können Hellsichtige und Medien bei allen energetischen Fragen geben. Das Angebot diesbezüglich ist vielfältig.

2. AURALESUNG UND CHAKRENSTÄRKUNG

Wenige Hellsichtige sind auch in der Lage, nicht nur die Chakren und die dadurch resultierenden Auraschichten zu erkennen, sondern das Energiefeld in Farbe von Menschen und Tieren zu sehen. Sie erkennen einzelne Energiezentren, einzelne Auraschichten, die Farben und den Fluss der Energien sowie die seelische Kraft und die Energieblockaden.

Ursprünglich ist diese Arbeit durch hellsichtige Menschen entstanden, da diese das Energiefeld gesehen haben und die Unterschiede und Heilungsmöglichkeiten erkannt haben.

Bei einer Fern – Energiebehandlung nützt der Energetiker seine Hellsicht oder seine Fähigkeit des Channelings, um dem Fragenden zu helfen. Er kann Informationen weitergeben und über die Ferne die Aura reinigen, sowie bestimmte Energiezentren mit Kraft auffüllen und Blockaden lösen.

Eine Fernbehandlung darf von einem Medium niemals ohne Einverständnis und Information des Empfängers durchgeführt werden. Alles andere wäre unprofessionell.

3. PRANA

Unter „Prana" versteht man die Energieteilchen, die in jeder Materie und jedem Lebewesen zu finden sind. Sie sind für manche Hellsichtige sichtbar.

Es ist möglich, diese Energieteilchen vermehrt aufzunehmen und anderen Menschen weiterzugeben. Nichts anderes passiert bei Energieübertragungen.

Diese Energieteilchen sind grundsätzlich weiss, können jedoch in ihre einzelnen Farbbestandteile zerlegt werden. Wie das möglich ist, lernt man in den entsprechenden Ausbildungen.

Grundsätzlich gibt weißes Licht (die ursprüngliche Form dieser Energieteilchen) Kraft und Stärke, violettes Licht Heilung und die anderen Lichtfarben Heilung für bestimmte Erkrankungen.

Jeder Mensch ist in der Lage, die vermehrte Aufnahme dieses weißen Lichts und die Weitergabe zu erlernen. Bei Behandlungen ist es notwendig, dass sich die Symptome des Menschen verbessern und keine negativen Reaktionen entstehen. Ansonsten wäre nicht professionell gearbeitet worden. Das kann zu psychischen Auswirkungen führen.

Wer von jemanden behandelt wurde, der zu wenig sensibel gearbeitet hat und daher eine Verschlechterung der Psyche erlitten hat, kann sich diese immer mit der Bachblüten – Notfalltropfenmischung ausgleichen: 4 Wochen lang täglich 3 Tropfen vor dem Frühstück einnehmen. Danach müssten alle negativen psychischen Symptome verschwunden sein.

4. MASSAGEN UND KLANGSCHALEN-THERAPIE

Jede Massage beeinflusst die Aura und somit die Energie des Menschen. Es ist jedoch zu beachten, dass für jeden Menschen eine andere Art der Massage heilend wirkt. Nicht alle vertragen z.b. Hot – Stones – Behandlungen mit ihrer Lymphe.

Klangschalentherapien wiederum sind für Venenschwache nicht gut verträglich.

Alle Duft – und Schaummassagen sind für Menschen mit Nervenerkrankungen nicht geeignet. (Multiple Sklerose, Parkinson und dergleichen).

Eine Massage sollte eine Entspannung und keine Schmerzen auslösen. Sollten Sie dermaßen verspannt sein, dass Sie während der Behandlung starke Schmerzen empfinden, muss der Therapeut eine sanftere Handhabung anwenden und weitere Termine mit Ihnen vereinbaren. Starke Anspannungen lassen sich mit einer einzigen Massage nicht lösen.

Wer entspannt ist, hat automatisch eine verbesserte Durchblutung und einen schnelleren Energiefluss. Dadurch wird die Aura positiv beeinflusst. Deshalb sind Massagen, die dein Wohlbefinden steigern immer auch eine Kräftigung für dein Energiesystem.

5. GEISTHEILUNG, MENTALTRAINING

Es gibt unterschiedliche Methoden, seine mentale Stärke (psychische Befindlichkeit und Belastbarkeit, geistige Kraft) positiv zu beeinflussen.

Die Bekannteste ist es, mit Affirmationen bzw. neuen Gedankenmustern zu arbeiten. Negative Glaubenssätze und Lebensmuster werden dadurch gelöscht und neue Energien für Aktivität freigesetzt. Das Energiesystem wird bei jeder mentalen Stärkung positiv beeinflusst, da sich die Aura glättet und sich der Energiefluss verstärkt.

6. HOMÖOPATHIE, PFLANZENHEILKUNDE, SALZANWENDUNGEN, ÖLANWENDUNGEN

Die Einnahme von Homöopathie ist gleichzeitig immer einhergehend mit einer Aurareinigung und – sofern es die passende Substanz ist – mit einer Energetisierung bestimmter Energiezentren und Körperbereiche. Dadurch heilen homöopathische Mittel.

Ähnlich wirkt die Anwendung von Kräutern innerlich und äußerlich. Es ist jedoch wichtig, die passende Mischung anzuwenden.

Auch Salzbehandlungen und Ölanwendungen bewirken eine massive Energieverbesserung.

Dies sind die einzigen Möglichkeiten, eine starke Energiezufuhr in den Körper und das Energiesystem zu bewirken. Die Einnahme aller anderen anderen allopathischen Mitteln (wie z.b. Bachblüten, Schüsslersalze, Essenzen, Aromatherapie, Wärme- und Kälteanwendungen, Nahrungsergänzungsmittel) sind minimal energiezuführend, können aber ausgleichend und somit ebenso heilend wirken.

7. ENERGIEARBEIT MIT HILFSMITTEL

Viele Energetiker arbeiten mit dem Pendel, Tarotkarten, Engelskarten, Chakrenbildern, Runen, Kugeln, Edelsteinen, Wünschelrute, Aromastoffen, Farben, Lichtquellen usw. Meistens sind diese Menschen hellsichtig, manchmal besitzen sie zusätzlich eine mediale Begabung.

Bei allen Arbeiten wird dem Menschen Energie von einem Engel zugeführt. Das Ausmaß ist ähnlich einer passenden Homöopathieeinnahme. Näher erklärt werden muss das **Pendeln**, da die meisten Menschen für sich selbst pendeln können.

Wie gesagt, für sich selber kann fast jeder Mensch pendeln. Wer mit einer besonderen Begabung fürs Pendeln geboren ist, kann auch für andere Menschen pendeln.

Nur Hellsichtige können das in Abwesenheit dieses Menschen. Hellsichtige arbeiten dabei automatisch mit einem Erzengel, andere Menschen ohne die Hilfe eines Engels.

Ein Pendler arbeitet fast immer mit Substanzen, die er abfragt.

Weitere Möglichkeiten, das innere Gleichgewicht wieder herzustellen, bieten Energetik mittels Bioresonanz, Biofeedback, Geräteenergetik, Kinesiologie, Blütenberatung und Lebensraum-Consulting. (Quelle: Energetikerführer, WKO und Kleine Zeitung Steiermark, 2012)

Der Mensch lebt nicht vom Brot allein, sondern von einem jeden Wort, das aus dem Munde Gottes geht.

(Matthäus 4,4)

3. KAPITEL – CHRISTENTUM

1. DIE ENTSTEHUNG DER ERDE

Die Erdentstehung ist wissenschaftlich gut erforscht und erkannt. Der Urknall jedoch wurde von kosmischer Energie befohlen. Alles Weitere danach ebenso. Diese kosmische Energie nennen wir „Energie, die Gott übergeordnet ist und ihm Aufträge erteilt". Eine noch höhere Energie gibt es nicht.

Gott nennen wir „Universelle Einheit". Diese übergeordnete Energie „Kosmos". Beide bestehen ebenso wie jede einzelne Seele aus derselben Kraft. Sie ist unsichtbar und kann sich unterschiedlich manifestieren. Die Manifestierung (also Verkörperlichung) passiert immer durch Drehung und Beschleunigung.

Die Entstehung der Erde ist somit ein Synonym für die Entstehung jeglicher Körperlichkeit.

Erst als die Erde keine Vulkangaswolke mehr um sich hatte, entwickelte sich das erste Tier und somit eine neue Seelengeneration für Pflanzen, Tiere, Menschen. Nach den Tieren entwickelten sich unterschiedliche Pflanzenarten. Erst lange später gab es ein Tier, aus dem sich drei Mutanten formten. Dieses Tier ist der gemeinsame Vorfahre von Mensch – Affe – Pferd.

Alles, was auf der Erde besteht, ist manifestierte Energie. Alles Lebende hat eine Seele. Alles andere ist aber ebenso göttliche Energie.

Die Erde ist seit ihrer Entstehung unter Gottes Schutz, da er ihre Erschaffung (Urknall mitsamt der Energieteilchendrehung und der Beschleunigung) gewollt hat. Er wäre auch in der Lage, die Energie wieder zu zerteilen und in ihre ursprüngliche unsichtbare Form zu bringen. Das nennt man „Schöpfung" oder „Erschaffen und Lösen". Gottes Plan ist es, die Erde noch lange zu erhalten.

2. JESUS CHRISTUS

Jesus Christus hat vor ca. 2000 Jahren gelebt. Er wurde in eine ärmliche Familie geboren. Seine Geschwister waren ebenso Erleuchtete wie auch er. Er war ein gewöhnlicher Mensch, der besondere Begabungen hatte. Er wollte die Information weitergeben, dass er ein Teil von Gott ist – ebenso wie alle anderen Menschen auch. Seine Predigen waren gechannelt. (d.h. ein Engel oder Kryon hat die Botschaften weitergegeben und er hat sie übermittelt) Er konnte tatsächlich Massenheilungen bewirken.

Er lebte sehr einfach und liebte den Kontakt zu anderen Menschen. Für ihn gab es keinen Unterschied zwischen Kindern oder Erwachsenen, Alten oder Jungen, Gesunden oder Kranken, Armen oder Reichen. Seine Lebensaufgabe war es, den Menschen neues energetisches Wissen zu vermitteln. Da er im Laufe seines Lebens so eine Vielzahl an Menschen begeisterte, entwickelte sich aus seinem übermittelten Wissen eine Religion, die sich bis heute hält. Leider werden seine Sprache und seine Gleichnisse heute oft nicht mehr verstanden.

JESUS UND SEINE FAMILIE

Jesus wurde in eine Familie geboren, die sehr arm war und in einfachen Verhältnissen lebte. Seine Mutter Maria war ein gewöhnliches junges Mädchen, das mit dem Nachbarsjungen Josef verbunden war. Maria hatte von Kind an einen Engel für Channeling. Dieser Engel war Erzengel Metatron und Erzengel Gabriel. Unter anderem wurde ihr mitgeteilt, dass ihr erstgeborenes Kind vor der Eheschließung gezeugt werden wird und es ein besonderer Mensch sein wird. Auch wurde Maria darüber aufgeklärt, dass Gott diesen Menschen erschaffen hat und er ein Gottessohn sei. Gemeint war damit, dass Jesus ein Erleuchteter mit einer besonderen Lebensaufgabe sei und viele Menschen heilen werde.

Jesus wurde tatsächlich in einem Stall und ohne die Hilfe anderer Frauen geboren. Josef war ein sehr junger Mann und unerfahren. Maria ebenso. Deshalb erhielten sie Ansagungen von Engeln, wie sie das Kind zur Welt bringen sollen.. Nach der Geburt sagte der Engel Maria an, wie Josef der ihr Pranaenergie übertragen kann, um ihren Kraftverlust auszugleichen und sie zu heilen.. Die drei Weisen gab es tatsächlich. Sie waren Astronomen aus der Umgebung. Sie besuchten Maria und Josef , und beobachteten das Sternenwunder über dem Stall. Sie waren wohlhabend und schenkten dem Baby Myrrhe, Weihrauch und Stoffe.

Er erstaunte alle Menschen mit seinen Worten und führte Heilungen durch Pranaübertragungen durch. Bis ins Erwachsenenalter war er heilend und stärkend tätig. Dabei wurde er von seinen Eltern unterstützt und begleitet. Jesus lebte ein ungewöhnliches Leben. Sein Engel Metatron meldete sich mehrmals täglich mit neuen Informationen für ihn und andere Menschen. Seine Hellsicht war sehr stark ausgeprägt, sodass er eine Vielzahl an Bildern sah, die er mit Hilfe seines Engels deutete. Er hatte eine Frau, die gemeinsam mit ihm heilte. Seine Frau starb bei der Geburt des gemeinsamen Kindes. Seine Eltern unterstützte Jesus in dieser schweren Trauerphase.

Danach verbündete er sich mit der Prostituierten Maria Magdalena. Jesus wurde von Gott und den Engeln mehrfachst darauf hingewiesen, dass er in eine andere Stadt ziehen solle, um dort ein neues geordnetes Leben zu beginnen. Er erfuhr frühzeitig, dass er ansonsten gekreuzigt werden würde. Während dieser Zeit führte er noch zahlreiche Wunderheilungen durch. Jesus war lustig, liebevoll, achtsam, sanft, intelligent, kraftvoll und impulsiv. Das half ihm, bei seinen Wunderheilungen.

Jesus war trotz der Vorwarnungen der Engel nicht geflüchtet. Das Volk war zweigeteilt. Viele wollten seinen Tod, da er der Frau des Stadthalters nicht mehr geholfen hatte und sie im Sterben lag. Pilatus war ein Heiliger und hatte bis zur Kreuztragung versucht, Jesus` Leiden zu mildern. Bis er aufs Kreuz genagelt wurde, vergingen mehrere Stunden. Er wurde von den Menschen beschimpft und verhöhnt. Nur seine engsten Freunde, Maria Magdalena und seine Mutter begleiteten ihn bis zum Sterben. Kurz vor seinem Tode verdunkelte sich der Himmel auf Grund eines holografischen Bildes und alle Menschen vernahmen eine Stimme, die rief: "Mein Sohn." Da erkannten auch seine Gegner, dass er etwas Besonderes war.

Nach seinem Tod wurden seine Lehren von Freunden weiterverbreitet. Sie versuchten auch, seine Geschichten aufzuschreiben. Jesus selbst wurde drei Tage nach seinem Sterben erlöst.

Unter „**Erlösung**" versteht man die starke Energetisierung der Seele. Dadurch ist sie in der Lage, ihre ursprüngliche Form anzunehmen und mit ihren Seelenfreunden, die sie abholen, ins Universum mitzugehen.

Das was wir im religiösen Sinn unter „Himmel" verstehen, ist kein fixer Ort. Vielmehr ist es das gesamte Universum. Jesus Christus war ein Erleuchteter und hatte mehr als 20 Seelenpaare in sich. Manche Menschen haben auch nur eine einzelne Seele in sich. Das ist unterschiedlich.

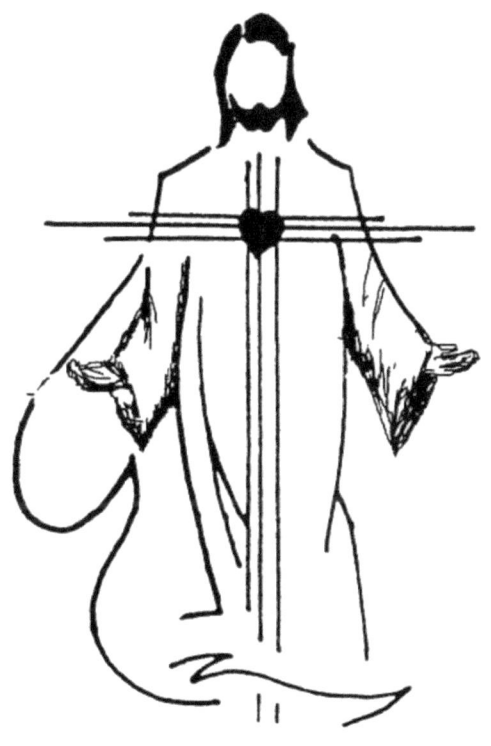

Bildquelle: Pixabay, Internet

3. KIRCHENFEIERTAGE UND KIRCHENFESTE

Die christlichen Feiertage und Feste sind stark vom Wirken Jesus Christus´ geprägt. Die Bedeutung ist leider oft nicht mehr erkannt, da dieses Wissen mündlich weiter gegeben wurde. Im Mittelalter wurde jegliches energetisches Wissen als Teufelswerk und Hexenwerk verboten. Auch die Geheimschriften, die diese Informationen enthielten, wurden verbrannt. Später gab es wenig Channeling, sodass dieses Wissen nicht weiterverbreitet wurde.

<u>In diesem Buch werden wichtige Kirchenfeste und Feiertage des Christentums aus energetischer Sicht erläutert:</u>

1. Advent
2. Weihnachten
3. Fastenzeit und Ostern
4. Pfingsten
5. 6. Jänner – Erscheinung des Herrn
6. 2. Februar – Maria Lichtmess
7. Maiandacht
8. Christi Himmelfahrt

9. Fronleichnam
10. 15. August – Maria Himmelfahrt
11. 2. Oktober – Schutzengelfest
12. 1. November – Allerheiligen
13. 2. November – Allerseelen
14. 4. Dezember – Tag der Heiligen Barbara
15. 6. Dezember – Tag des Heiligen Nikolaus

1. ADVENT („Ankunft")

Weihnachten und Advent sind die bekanntesten Festzeiten des Christentums, gefolgt von Ostern. In der Adventzeit bereiten sich Gläubige auf das Gedenken der Geburt Jesus Christus´ vor. Die Zeit sollte für Meditationen, Entspannung, Ausruhen genützt werden. Jeder hat täglich 30 – 40 Minuten Zeit und sollte sich diese auch nehmen. Gott gibt allen Menschen (egal ob sie Christen sind oder nicht) in diesen Wochen vor Weihnachten eine zusätzliche Kraftzufuhr. Die ist notwendig, um die energetische Reinigung, die der Heilige Abend bzw. der Christtag auslösen, gut aufzunehmen.

In der Adventzeit bereiten sich gläubige Menschen bewusst auf das Fest der Liebe vor. Deshalb sollten wir alle – egal welchen Glaubens – uns gerade in diesen Wochen bemühen, uns selbst und unseren Mitmenschen mehr liebevolle Gesten und sanftes Verhalten entgegenzubringen. Leider ist es oft umgekehrt. Die meisten Menschen sind besonders hektisch und gestresst. Schularbeiten und Tests müssen noch vor den Ferien geschrieben werden, Geschenke müssen besorgt werden, Verwandtenbesuche geplant werden, der Winterurlaub oder andere Ferienplanungen sollten vorbereitet werden.

Zusätzlich ist für viele auch die Dunkelheit dieser Zeit belastend. Lichtmangel bewirkt bei manchen Menschen eine leichte Depression, die jedoch durch eine Übung verhindert werden könnte: Halten Sie zwei Mal täglich für eine Minute lang eine leuchtende Taschenlampe an Ihre Stirn (Zirbeldrüse). Das gleicht Ihnen den Lichtmangel aus.

Der Advent ist energetisch gesehen die Zeit der Vorbereitung auf Kraftaufnahme und Reinigung. Deshalb sollte der Körper zur Ruhe kommen und die Körperenergie mit neuer Kraft gefüllt werden. Wer das nicht tut, ist nicht in der Lage, die besondere kosmische Energiezufuhr am 24. bzw. 25. Dezember aufzunehmen. Für uns alle wäre es wichtig, da diese spezielle Energie die Aura völlig reinigt und alle Chakren nachhaltig füllt. (Die Wirkung bleibt 4 Wochen lang erhalten.)

2. WEIHNACHTEN

Am heiligen Abend (24. Dezember) feiern Gläubige die Geburt von Jesus Christus. An diesem Tag beginnt die spezielle Energiezufuhr durch die universelle Einheit in der Früh und dauert bis zum Abend des 25. Dezember an. Am 26. Dezember sollte sich jeder ausgeruht und voller Elan fühlen. Das Gegenteil ist leider oft der Fall, da viele die Phase der Ruhe und der Kraftsammlung in der Adventzeit außer Acht gelassen haben.

Am heiligen Abend sollte zur Familienfeier oder Freundschaftsfeier gebeten werden. Das bringt zusätzliche Energiezufuhr von Gott. Jeder sollte sich bemühen, dem anderen liebevoll zu begegnen. Das war es, was Jesus Christus zusätzlich zu seiner Wundertätigkeit auf die Erde gebracht hat: energetische und menschlich gelebte Liebe und Freude.

3. FASTENZEIT UND OSTERN

Die Fastenzeit beginnt jedes Jahr mit dem Aschermittwoch. Dieser Tag ist ein Zeichen für den Beginn einer Phase der Reinigung, Klärung. Jesus Christus ging oft alleine in die Wüste, um sich energetisch zu reinigen und zu regenerieren. Er lebte dort von energetischer Speisung (Lichtnahrung). Nicht jeder Mensch ist in der Lage, ohne Nahrung mit wenig Trinken zu überleben – schon gar nicht in extremer Hitze oder Kälte.

Grundsätzlich sollte jeder Mensch **Lichtnahrung** für sich nützen. Sie gibt zusätzliche Kraft und Energie. Eine alleinige Ernährung durch Lichtnahrung ist dann möglich, wenn ein Mensch seelische Stärke von Geburt an besitzt, eine Kindheit ohne schlimme Traumatisierungen hatte und in seiner Tätigkeit sehr geerdet ist. Auch wenn es für jeden Menschen möglich ist, Lichtnahrung gleichermaßen aufzunehmen, ist es für Viele nur als **Ergänzung** zur festen Nahrung empfehlenswert. (vergl. Kapitel 1 – „Speisungen und Ölungen")

In der Fastenzeit ging es früher darum, den Körper zu entsäuern. Deshalb war ein Verzicht auf Fleisch und Wurst angebracht. Auch heute sollten wir unseren Körper in dieser Zeit entschlacken und entsäuern. Ebenso sollten wir aber – so wie es Jesus Christus vorgelebt hat – auch unsere Seele reinigen. Diese Stärkung darf sich jeder gönnen. Seelisches Reinigen kann unterschiedlich praktiziert werden: Eine der Möglichkeiten sollte jeden Tag dein Ritual sein:

1. Meditation
2. Spaziergang für 30 Minuten
3. 30 Minuten mit geschlossenen Augen liegend ruhen
4. 20 Minuten Meditationsmusik hören

Wer sich körperlich und seelisch zumindest ein Monat lang gereinigt hat, kann die Lebensenergie, die sich in der Luft befindet, doppelt so gut aufnehmen wie davor. Das passiert automatisch und man fühlt sich gestärkt und stressresident. Dieses Wohlgefühl nach einer Fastenkur hält ca. ½ Jahr lang an.

In der **Karwoche** erinnern wir uns an den Leidensweg von Jesus. Mit seinem Tod wurde auf der Erde Folgendes verändert:

Jede Seele wird seitdem nach ihrem Tod sofort von Gott erlöst, sofern sie das möchte. Erlösung bedeutet eine Wiederherstellung der ursprünglichen Seelenkraft, sodass die Seele in das Universum eintreten kann. Leider wollen das viele Seelen nicht und bleiben erdgebunden. Sie bleiben als unerlöste Seele („arme Seele", „Geist", „negative Energieform") auf der Erde, bis sie sich dazu entschließen, sich erlösen zu lassen. Manche Seelen bleiben länger als 200 Jahre als Geist auf der Erde. Sie müssen zwangsweise von Gott geholt werden. Diese Geister nennt man „böse Geister" und sie sind in der Lage, Kraft der Erde aufzunehmen. Mit dieser Kraft können sie Geräusche erzeugen („poltern"), Hitze erzeugen („Wärmegeist"), Windhauch erzeugen („Windgeist"). Niemand muss Angst haben. Sie können keinem etwas tun. Ihre Kraftakte sind jedoch unerklärlich und unheimlich. Allen erdgebundenen Seelen hilft es, für sie zu beten/zu meditieren/Gott zu rufen.

Wer die Karwoche in Gedenken an Jesus lebt, erhält von Gott eine zusätzliche Kraftzufuhr.

4. PFINGSTEN

Pfingsten aus energetischer Sicht bedeutet, dass jeder Mensch sein Leben aus Distanz betrachten sollte . Das hat den Sinn, sich darüber klar zu werden, was positiv am Leben ist und was verändert werden muss. Um etwaige Veränderungen zu planen und umzusetzen, benötigt jeder Mensch Elan, Energie und Kraft. Dann kann er sein Leben in andere Bahnen leiten. An den Pfingsttagen gibt Gott jedem Menschen bei Veränderungsbestreben diese Art von Energie für ca. 5 Wochen. Auch bei Erstkommunion, Firmung und Krankensalbung wird diese kosmische Energie zugeführt. In der Bibel heisst sie „Heiliger Geist".

5. ERSCHEINUNG DES HERRN – 6. JÄNNER

An diesem Tag denken wir an die Weissagung der Sterndeuter , dass ein neuer König geboren sei.

Ganz so war es nicht. Die Drei wussten nichts von dem König und wollten das Naturphänomen beobachten, das sich über dem Stall in Bethlehem abspielte. Sie waren jedoch diejenigen, die in Jerusalem danach die Botschaft verbreiteten, dass ein besonderes Kind geboren wurde. Die Erklärung für das Naturschauspiel fanden sie in der Geburt Jesus Christus.

Am 6. Jänner sollte jeder Mensch ein Gebet zu Gott sprechen, damit er eine Freudezufuhr für 5 Wochen erhält.

6. MARIA LICHTMESS – 2. FEBRUAR

Mit diesem Tag endet energetisch gesehen die Weihnachtszeit. Deshalb ist an diesem Tag der weihnachtliche Raumschmuck (Christbaum, Krippe, Sterne, Zweige) zu entfernen. Im Gottesdienst werden Kerzen geweiht. Sie geben dem Raum, in dem sie sich befinden, energetischen Schutz vor Krankheit. Dieser Schutz hält maximal 10 Jahre an.

7. MAIANDACHT

Der Monat Mai ist der Heiligen Maria Gottesmutter gewidmet. Bei den Maiandachten sollten Mariengebete (Ave Maria, Rosenkranz, Salve Regina, Magnifikat Luk 1,46-55) gesprochen oder gesungen werden.

Der Rosenkranz könnte inzwischen bereits gekürzt sein. Jeder Rosenkranz gibt dem Betenden Kraft und Herzstärkung.

Der „gekürzte Rosenkranz" mit derselben Wirkung wie der übliche Rosenkranz wird folgendermaßen gebetet:

Jeweils 5 (bzw. zum Schluss die Restanzahl von Kugeln) Kugeln werden für einen Gebetsrhythmus zusammengezogen. Der Gebetsrhythmus ist immer derselbe:

(OHNE Vorbeter)

„Mein Vater im Himmel, wir beten zu dir".

Danach wird 1 Vater unser gebetet

„Heilige Maria Mutter Gottes bitte für uns Menschen".

Danach wird 1 Ave Maria gebetet

8. CHRISTI HIMMELFAHRT

Christi Himmelfahrt wird am 40. Tag nach Ostern gefeiert. An diesem Tag sollten wir daran denken, dass wir nur bestimmte Zeit auf der Erde sind und so wie Jesus Christus nach unserem Tod als feinstoffliche Energieform im Universum weiterleben werden. Dort sind wir für alle Zeiten mit den Seelen (auch denen, die noch auf der Erde als Mensch leben) verbunden. Auch Jesus ist in der Lage, als Engel vom Himmel aus den Menschen auf der Erde zu helfen. Er darf dafür auch jederzeit von jedem gerufen werden.

9. FRONLEICHNAM

An diesem Tag werden bei uns Prozessionen durchgeführt. Der Name bedeutet „Leib des Herrn" (Fron=Herr, Leichnam=Leib).

Dahinter verbirgt sich energetisch das Wissen, dass wir die Wundertätigkeit und das Wirken von Jesus Christus mit Freude unter freiem Himmel feiern. Auch unser alltägliches Leben spielt sich „draußen", in der Realität ab und nicht hinter geschützten Kirchenmauern. Gott und alle Heiligen, auch Jesus Christus begleiten uns auf unseren Wegen auf der Erde. Auch wenn wir Freude haben und es uns gut geht, sollten wir sie rufen, damit unsere Lebensfreude erhalten bleibt. Jeder Heilige hört jeden stillen Gedanken von uns, wenn wir anschließend seinen Namen und ein „SOSARIA" sprechen. Gott hört unsere Bitten und alle unsere Mitteilungen, wenn wir anschließend unseren Namen nennen und ein „AMEN" sprechen.

10. MARIA HIMMELFAHRT - 15. AUGUST

Ähnlich wie am Tag „Christi Himmelfahrt" werden wir daran erinnert, dass jeder Mensch nach seinem Tod von Gott erlöst wird.

Der 15. August ist der Tag, an dem jeder Mensch Kräuter und Kräutersalze segnen kann. Nicht nur in einem Gottesdienst ist das möglich. Dazu werden alle

Kräuter und Kräutersalze auf einen Tisch gelegt und ein Vater unser gebetet.

Danach halte beide Hände über die Kräuter und sprich folgenden Text:

Guter Gott, Heilige Maria Mutter Gottes, Jesus Christus. Ich bitte darum, dass diese Kräuter gesegnet werden. Ich bedanke mich. SOSARIA - AMEN.

Danach sind alle Kräuter für die Dauer von ca. 5 Monaten energetisiert und geben beim Verzehr eine zusätzliche Verdauungskraftzufuhr . Hellsichtige nehmen eine Erweiterung des Solarplexus wahr.

11. SCHUTZENGELFEST - 2. OKTOBER

An diesem Tag werden folgende Erzengel um Hilfe gebeten: Michael, Raphael, Gabriel.

Wer das tut, oder bei einem Gottesdienst anwesend ist, erhält von Gott eine Auraschutzverbesserung fürs gesamte Leben.

12. ALLERHEILIGEN - 1. NOVEMBER

An diesem Tag gedenken wir allen verstorbenen Heiligen. Sie werden um Unterstützung gebeten. Jeder Heilige, der in einem Gebet gerufen wird, hilft durch vermehrte Energiezufuhr.

13. ALLERSEELEN - 2. NOVEMBER

Oft wird der Allerheiligentag mit dem Allerseelentag verknüpft. Die Gräber der verstorbenen Angehörigen und Freunde sollten an einem der beiden Tagen besucht werden.

14. HEILIGE BARBARA - 4. DEZEMBER

An diesem Tag wird ein alter Brauchtum praktiziert. Kirschzweige werden abgeschnitten und in einer Vase mit Wasser in der Wohnung aufgestellt. Das Wasser sollte täglich erneuert werden. Wenn die Knospen aufblühen (egal an welchem Tag), erhalten die Menschen über ihren Engel eine einmalige Freudezufuhr.

15. HEILIGER NIKOLAUS – 6. DEZEMBER

An diesem Tag denken wir an den Bischof Nikolaus von Myra. Er war derjenige, der den Menschen das Spenden nahe brachte. Auch wir sollten an diesem Tag einem Menschen oder einer Menschengruppe, die von Armut, Hunger oder Krankheit betroffen ist, eine Geld- oder Sachspende zukommen lassen. Wer meint, dass Spenden nur den Organisatoren zufließen und die Menschen keine wirkliche Hilfe erhalten, sollte sich genauer informieren, welchen Weg die Gelder oder Sachspenden zurücklegen und was in der Vergangenheit von der Hilfsorganisation bereits tatkräftig verändert wurde. Menschen, die von Armut betroffen sind oder Hunger leiden, haben Karma zu lösen. Kranke Menschen nicht immer. Wir sollten auf der Erde zusammenhalten. Jeder von uns könnte in einem anderen Leben einmal derjenige sein, der sein Karma auf diese Weise zu lösen hat. Jeder wäre dann froh, Hilfe zu erhalten.

Am Tag des heiligen Nikolaus ist es üblich, Kindern Geschenke zu überreichen. Das sollte ohne Angst und Druck passieren. Auch ein verkleideter Nikolaus macht manchmal Angst. Ein Krampus noch viel mehr. Der Krampus ist symbolisch gesehen der Gegenpol des Nikolaus. Nikolaus verkörpert das Positive und Göttliche, Krampus das Negative und Teuflische.

Perchten haben aus ihrem Ursprung heraus eine andere Bedeutung, die positiv ist. Sie sind da, um ohne Schläge das Böse zu vertreiben. Leider vermischt sich der Perchtenbrauchtum mit dem schlagenden Krampus.

Viele Kinder erleiden bei Krampusbesuchen Angststörungen. Diese werden später kompensiert und sind nicht mehr offensichtlich. Unbewusst schwächen sie aber die Kraft des Menschen, bis die Ursache energetisch geheilt wurde.

Grundsätzlich benötigt kein Nikolaus einen Krampus an seiner Seite. Bei Kindern sollte niemals ein Krampus anwesend sein. Jüngere Kinder sind nicht in der Lage, zu erkennen, dass es sich um eine Verkleidung handelt. Diese Fähigkeit erlangen sie erst, wenn sie klar zwischen Phantasie und Realität unterscheiden können. Davor ist es ratsam, dass der Nikolaus die Kinder zunächst als unverkleideter Mensch begrüßt und sich vor ihnen umzieht. Dann erst sollte er die Geschichte des Heiligen Nikolaus erzählen und die Geschenke verteilen. Kein Kind sollte etwas Vortragen müssen. (Lieder, Sprüche, oder dergl.) Das wäre eine zu große Belastung.

Der Nikolaus darf niemals mit dem Kind schimpfen oder von schlechtem Benehmen des Kindes sprechen. Das Kind würde ein Traumata erleben, dass es später heilen müsste. Er sollte auch kein Buch mithaben, indem Informationen über das Kind stehen. So etwas macht unnötig Angst.

Der Nikolaus hat vielmehr die Aufgabe, Herzlichkeit, Freundlichkeit und Sanftmut zu zeigen. Das vermittelt am besten, wie der tatsächliche Heilige war.

4. GOTTESDIENST UND PFARRFESTE

Im christlichen Glauben sind Gottesdienste (mit und ohne Eucharistiefeier) fest verankert. Der Sinn eines Gottesdienstes ist nur mehr teilweise verstanden. Es geht nicht nur darum, eine gleichnishafte Geschichte zu hören, um sein Leben besser zu bewältigen, um in Gemeinschaft zu feiern, ein Ritual zu erleben. Wer am Gottesdienst teilnimmt, erhält bedeutend mehr:

1. Schutz durch das Berühren des Weihwassers (Schutz vor negativer feinstofflicher Energie und vor Energieraub durch andere Menschen)

2. Energiezufuhr durch das Einnehmen der Hostie oder durch Segnungen.

Die Musik des Gottesdienstes sollte für Jung und Alt anregend sein und zum Mitsingen auffordern. Niemand sollte jedoch dazu gezwungen werden. Bei Familiengottesdiensten sollte wenig Orgelmusik gespielt werden, da sie den Energiefluss im Körper verlangsamt. Hingegen beschleunigen den Energiefluss Begleitung durch Flöte, Gitarre, Cello, Violine, Klavier, Keyboard, Rhythmusinstrumente.

Wer regelmäßig den Gottesdienst besucht, erhält von Gott eine Zufuhr für Freudeenergie.

Um die Teilnahme am Gottesdienst wieder attraktiver zu gestalten, könnten folgende Veränderungen umgesetzt werden:

° Der Pfarrer steht nicht auf der Kanzel, sondern (wie es meistens bereits üblich ist) beim Altar.

° Nicht nur der Pfarrer spricht, sondern mehrere Menschen wechseln sich ab.

° Kleinkinder dürfen sich in der Kirche frei bewegen. Wenn sie schreien oder unruhig werden, sollten sie nicht gezwungen werden, weiter in der Kirche zu bleiben.

° Liturgie sollte nicht mehr aus der Bibel vorgelesen werden, sondern als frei erzählte Geschichte mit Bezug zur Jetzt-Zeit vorgetragen werden. Dabei wäre es durchaus wünschenswert, ‚Bilder, Filme, Musik, Puppenspiel und dergleichen als anregende Unterstützung des Textes zu verwenden. Das wäre für Kinder und Erwachsene interessant.

Beispiel für einen Text, der verwendet werden könnte:

Alle von euch wissen, dass Jesus manchmal auch Menschen geholfen hat, die im Rollstuhl gesessen sind. In der Bibel heissen sie „Gelähmte". Auch wir kennen manchmal Menschen, die nicht mehr gehen können. Manche, weil sie zu schwach sind, andere nach einer Erkrankung oder einem Unfall. Von solch einem Menschen möchte ich euch heute erzählen. Sein Name ist Tom. Tom hatte beim Radfahren einen schweren Unfall. Nachdem er lange im Krankenhaus war, sitzt er nun zu Hause im Rollstuhl. Er muss nun völlig anders leben und hat viele seiner Freunde verloren. Einen Freund aber hat er behalten. Der besucht ihn, geht mit ihm spazieren, redet mit ihm und hilft ihm. Wenn Tom mehrere solche Freunde hätte, wäre er nicht so oft traurig. Er hätte mehr Freude und würde sich trauen, in ein Cafe oder ins Kino mitzugehen. Er würde sich wieder zutrauen, eine neue Berufsausbildung zu absolvieren, um auch als Sitzender voll integriert zu sein. Er würde wieder Sinn finden in seinem Leben.

Kennen wir nicht alle ein Kind, eine Frau, einen Mann, die traurig sind/alleine sind/keinen Sinn mehr in ihrem

Leben finden? Und worauf warten wir noch? Ein Anruf tut schon gut. Ein Besuch bei solch einem Menschen wirkt oft wie ein Wunder. Das ist es, was wir Jesus nachmachen können. Wir sollten andere nicht beleidigen oder niederdrücken. Jesus hat jeden Menschen „aufgerichtet". Das heisst, er hat ihn ernst genommen und nicht ausgelacht. Wenn ihr zu Hause seid, bitte ich euch, dass ihr euch an das erinnert und überlegt, welchen Menschen ihr aufrichten könntet.

Wir bitten Gott und alle Heiligen um Hilfe für alle Menschen, die wir jetzt in Gedanken hatten. Amen.

Pfarrfeste (z.B. Erntedankfest, Sommerfest, Faschingsfest, Pfarrball…) sind wichtig für das gegenseitige bessere Kennenlernen. Ein Gottesdienst ist dafür nicht notwendig.

5. HEILIGE UND ERZ-ENGEL

Bekannte Erzengel sind Michael. Gabriel, Raphael. Weniger bekannt sind z.B. folgende Erzengel: Heiliger Erasmus, Heiliger Elias, Heiliger Dyonisius, Heiliger Christophorus, Heiliger Franziskus, Uriel, Samael, Anael, usw.

Jede einzelne Seele kann prinzipiell als Engel bezeichnet werden. Eine einzelne Seele schließt sich nach mehreren Erdenleben mit einer zweiten zu einem Seelenpaar zusammen. Sobald mehrere Seelenpaare (mindestens 7 Paare) sich zu einem großem Engel zusammenschließen, spricht man von einem **Heiligen**. Heilige sind im Himmel dafür zuständig, einzelnen Seelen zu helfen.

Auch auf der Erde sind Menschen mit mehr als zwei Seelenpaaren ebenso Heilige. Nicht immer jedoch werden sie als solche erkannt. Innerhalb eines Erdenlebens hat so ein Mensch spezifische energetische Aufgaben für andere Menschen zu erfüllen. Sie erleben in ihrer Kindheit häufig Misshandlung, Missbrauch, Armut. Aufgrund ihrer Seelenkraft haben sie die Möglichkeit, ihr Leid zu heilen und danach ihre Lebensaufgabe zu erfüllen.

Erzengel sind ein Zusammenschluss von mindestens zehn Heiligen. Gleichbleibende Erzengelstrukturen gibt es nicht. Die größten Erzengel im Himmel sind derzeit Michael, Gabriel, Raphael und Anael. Die sogenannten „Neuen Energien" sind einem bestimmten Erzengel zugehörig. *Metatron* und *Kryon* sind Seraphim, die allen Erzengeln übergeordnet sind und eine Verbindung aller Seelen zur göttlichen Einheit darstellen..

Erzengel *Michael* hat sein Wirken hauptsächlich in den Bereichen energetische Nothilfe, Heilung.

Erzengel *Gabriel* hat sein Wirken vor allem in den Bereichen Kraftgebung, energetische Nothilfe.

Erzengel *Raphael* hat sein Wirken hauptsächlich in der Spontanheilung durch Energetik und der energetischer Schutzgebung.

6. Energetischer Schutzaufbau

ENERGETISCHER SCHUTZAUFBAU SEIT JESUS CHRISTUS´ WIRKEN

1. Räucherwerk

Es wird zur energetischen Reinigung von Räumen verwendet. Danach sollte gelüftet werden. Auch heute ist es noch üblich, mit Weihrauch und Kräutern zu räuchern. Der Schutz hält ca. 1 Woche an.

2. Sakrament, Zeremoniell, Segnungsritual

Wer ein Sakrament durch einen Priester erhält oder bei einem Segnungszeremoniell anwesend ist, erhält Auraschutz und Energieraubschutz für ca. ein Monat.

Damals wie heute sind diese energetischen Schutzmöglichkeiten wirksam.

SCHUTZAUFBAU DER HEUTIGEN ENERGETIK

Zwei sehr einfache Möglichkeiten, sich zu schützen, sind Morgengebete oder Schutzaufbau durch Erdenenergie.

1. Morgengebete

Einen täglichen Schutz vor negativer Energie geben Morgengebete.

Beispiele für Morgengebete:

1 Vater unser, 1 Ave Maria

2. Schutz durch Erdenergie

Die Energie der Erde zu nützen, bedeutet, Prana (Energieteilchen, die kleiner als Protonen/Neutronen/Elektronen sind und nur von Hellsichtigen erkannt werden) aus Erde, Wasser, Feuer, Luft zu bündeln. Auch in der Elementarenergetik wird dies praktiziert. Die Möglichkeiten, die es dafür gibt, sind begrenzt.

- *Salz*

Mit Salz kann ein Raum (Ausstreuung), ein Gegenstand oder ein Körperteil (Abreibung) Schutz vor negativer Energie erlangen und die Aura kräftigen.

- *Feuer*

Wer Feuer in einem Raum hat, erhält automatisch passenden Auraschutz. (Kerze, Öllampe)

.

Die letzte Einsamkeit
ist nicht der Abgrund, sondern die Liebe,
die uns an die Hand nimmt.

(Monika Minder)

Quelle: Internet

4. Kapitel - Tod und Erlösung

1. Tod aus energetischer Sicht

Neben Sexualität wird auch das Thema „Tod" in unserer Gesellschaft tabuisiert. Dabei ist es etwas Normales, Naturgegebenes und Bekanntes. Wer hat noch nie einen lieben Menschen verloren? Viele haben Angst vor dem Sterben, dem Tod, dem Danach. Die Meisten erhalten auch keine Antwort auf ihre Fragen. Religionen haben zwar Informationen zum Leben nach dem Tod, diese erklären jedoch den Weg der Seele ungenau.

Was geschieht aus energetischer Sicht beim Sterben?

Der Mensch besteht aus Körper, Seele und Geist. Der Geist altert mit dem Körper mit. Die Seele ist die ursprüngliche Energie, die unsichtbar ist und „der Funke Gottes" genannt wird. Sie ist bereits vor der Verschmelzung von Eizelle und Samenzelle neben dem Paar und wartet auf die Gelegenheit einer Inkarnation. Sobald Eizelle und Samenzelle verschmelzen, tritt diese feinstoffliche Energie in die Eizelle. Nur bei einer Eileiterschwangerschaft gibt es keine Seeleninkarnation.

Die Seele weiss bereits vor ihrer Inkarnation viele Ereignisse des kommenden Lebens. Auch den Tod bestimmt sie. Bereits ca. 2 Jahre vor dem Todeseintritt wird der Engelshelfer des betreffenden Menschen beauftragt, weniger Lebenskraft und Gesamtenergie zuzuführen. Der Mensch altert noch rascher und wird schwächer. Sehr oft gibt es in dieser Übergangsphase zum Sterben Gnade von Gott. Das bedeutet, dass er dem Menschen eine neue Lebensaufgabe gibt, die Lebenszeitspanne noch einmal verlängert und wieder vermehrt Energie zuführt. Ist das nicht mehr möglich, wird der Mensch innerhalb von zwei Jahren sterben.

Der Körper verlangsamt alle Funktionen. Die Energie sinkt von max. 33 Energiestufen auf die 1. Stufe ab. Wenn die vorhandene Energie aufgebraucht ist, stirbt der Mensch. Es beginnt das Organversagen. Sobald das Herz nicht mehr schlägt, wäre innerhalb einer Minute noch eine Rettung möglich. Wenn diese Rettung in letzter Minute nicht passiert, wird die Seele aus dem Körper geschleudert. Das passiert automatisch. Sie hat dann wieder ihre ursprüngliche Form angenommen. Alle Erfahrungen des Lebens hat sie jedoch abgespeichert.

Jede Seele wird von ihren Seelenfreunden (Engeln) abgeholt und in ihre ursprüngliche Heimat mitgenommen. Dort erhält sie eine Besprechung ihres vergangenen Lebens mit der Möglichkeit der Heilung. Für die verstorbene Seele ist es wichtig, dass niemand ihr Negatives schickt oder ihr Vorwürfe macht.

Die meisten kürzlich Verstorbenen wollen keine rasche neue Inkarnation. Sie warten im Himmel (Universum) auf ihre Seelenverwandten, die oft noch auf der Erde leben.

Für die Seele ist also der Tod ein „Heimgehen". Sie freut sich auf das Zusammensein mit ihren Freunden in gewohnter Feinstofflichkeit. Das Leben auf der Erde ist im Vergleich dazu schmerzvoll und beengend. Es dient der Seele jedoch als notwendige Erfahrung und als Bereicherung von Erlebnissen.

Es gibt keine einzige Seele, die sich nicht auf ihre Inkarnation mit ihren Freunden freut. Manche Seelen können das gar nicht erwarten und verweilen Tag und Nacht neben „ihrem" Erdenmenschen. (also ihrem Seelenfreund), bis sie eine Inkarnation bei diesem Menschen erhalten. Sie werden von Hellsichtigen wahrgenommen.

Der Tod ist also nichts Erschreckendes. Er ist ein Übergang – so wie es auch die Geburt ist. Niemand sollte Angst vor ihm haben. Nicht einmal Seelen, die sich nicht sofort erlösen lassen, empfinden Leid. Sie beobachten das Geschehen auf der Erde. Wir nennen sie „Geister", „erdgebundene Seelen". Sie erhalten von Gott immer wieder die Möglichkeit, heimzukehren. Eine Hilfe für diese Seelen ist es, für sie zu beten oder zu meditieren.

2. BEGRÄBNIS UND VERABSCHIEDUNG

Egal, ob ein religiöses Begräbnis oder eine Verabschiedung stattfindet, der Verstorbene sollte immer in liebevollen Worten losgelassen werden.

Gott möchte, dass Trauernde unterstützt und umsorgt werden. Er möchte, dass die Verantwortlichen das ernst nehmen. Das ist wahre Liebe zu ihm und zu den Menschen. Das ist gelebte Brüderlichkeit / Schwesterlichkeit.

MÖGLICHER ABLAUF EINER ÖFFENTLICHEN VERABSCHIEDUNG

1. Begrüßung der Trauergemeinde
2. Worte über den Verstorbenen
3. Mutgebung und Kraftspendung in Worten für die Trauernden

MÖGLICHER ABLAUF EINES BEGRÄBNISSES

1. Begrüßung der Trauergemeinde in kurzen Worten durch den Priester.
2. Persönliche Worte über den Verstorbenen
3. Segen und Kraftgebung für die Trauernden durch den Priester
4. Bitte um Erlösung für den Verstorbenen durch den Priester
5. Abholung des Sarges für die Verbrennung ODER
6. Gang auf das Grab und Beerdigung ohne die Verabschiedung Einzelner (weil das die größte Seelenbelastung für Angehörige ist und unnötig ist)

Der Sarg sollte nicht vor der Trauergemeinde ins Grab gelassen werden, sondern bereits dort liegen. Nur der

Priester sollte ein kleines Häufchen Erde als Symbol auf den Sarg werfen und in kurzen Worten Gott noch einmal um die Aufnahme des Verstorbenen bitten.

3. WELCHE VERBINDUNG BLEIBT ZUM VERSTORBENEN?

Viele durchleben einen Prozess von Verzweiflung, Angst – Wut – Traurigkeit – Loslassen - Annehmen. Wer den Verstorbenen mit positiven Erinnerungen im Herzen trägt, hat den Trauerprozess abgeschlossen. Manche Menschen haben Angst davor, sich auf diesen Prozess einzulassen, weil die Seele dabei leidet.

Trauern bringt manchmal ähnliche Symptome wie eine Depression, darf aber nicht mit ihr verwechselt werden.

In Liebe behaltene Verstorbene sollten auch durch Erinnerungsgegenstände (z.B. Fotos) im Leben präsent bleiben. Wer einen besonderen Platz für einen Verstorbenen braucht (Bilder, Kerzen usw.) hat den Trauerprozess aber nicht bewältigt und sollte sich begleiten lassen.

4. MIT KINDERN ÜBER DEN TOD SPRECHEN

Kinder verstehen den Tod anders als Erwachsene. Sie brauchen Geschichten und Informationen darüber, dass es Engel gibt und der Verstorbene nun ein Engel geworden ist. Dann haben sie einen Anknüpfungspunkt, den sie sich vorstellen können. Es gibt Kinderbücher, die sich mit dieser Thematik befassen. Unter drei Jahren ist es ausreichend, dem Kind zu erklären, dass der Verstorbene jetzt ein Engel geworden ist, der hilft.

Eine passende Geschichte zum Thema „Tod" für eine Altersgruppe von 3-10 Jahren wäre:

Sofia und Tom sind sehr traurig. Sofia mag gar nicht in die Schule gehen – so traurig ist sie. Tom geht noch in den Kindergarten. Er geht gerne dorthin. Normalerweise ist es dort lustig. Seine Freunde warten schon immer auf ihn und die Spiele gefallen ihm. Aber heute mag auch er nicht spielen. Sofia und er bleiben heute zu Hause. Die Erwachsenen sind alle komisch und man kann mit ihnen heute nicht ordentlich reden. Der Papa weint und die Mama versucht, die Leute, die kommen, zu trösten. Dabei weint sie heimlich selber. Heute in der Nacht ist die Oma gestorben. Sofia und Tom haben die Oma gut gekannt. Sie hat bei ihnen gewohnt und war sehr lieb. Früher, als sie noch gesund war, hat sie mit den Kindern oft Verstecken gespielt. Sie hat auch der Mama im Garten geholfen. In der letzten Zeit war sie aber krank und ist im Krankenhaus gewesen. Sofia wusste, dass die Oma sterben wird müssen. Tom hat Angst, dass auch die Mama und der Papa sterben müssen. Sofia erklärt ihm, dass meistens nur sehr alte oder sehr kranke Menschen sterben müssen. Sie weiss, dass jeder, wenn er alt ist, stirbt. Sofia erzählt, dass aber dann der Mensch zu einem unsichtbaren Engel wird. Der Engel lebt dann bei Gott im Himmel. Das ist ganz weit von uns Menschen entfernt. Aber der Engel der Oma wird Sofia und Tom jeden Tag besuchen kommen. Er wird ihnen helfen, wenn es ihnen nicht gut geht. Er hört auch, wenn Sofia oder Tom ihn rufen. Er hat ja noch den Namen der Oma. Nun hat Tom keine Angst mehr. Außerdem wird er gleich den Oma-Engel rufen und ihm sagen, dass er ihn lieb hat. So hat er seine Oma trotzdem noch irgendwie bei sich. Auch Sofia mag es gerne, wenn die Oma ihr noch hilft. Auch wenn man einen Engel nicht sieht, tut es gut, wenn man weiss, dass er immer da ist wenn man ihn braucht.

Sicher hast auch du bereits einen Engel im Himmel, den du rufen kannst. Wenn du keinen kennst, der gestorben ist, kannst du auch immer deinen Schutzengel rufen. Er hat dich lieb und hilft dir – auch wenn du ihn nicht sehen kannst.

Wenn Kinder einen Schulkollegen oder Freund verlieren, benötigen sie psychotherapeutische Begleitung. Ziele dieser Begleitung sind:

1. Trauerbewältigung
2. Verabschiedungsritual
3. Angst vor dem eigenen Tod abbauen

Wenn Kinder bei einem tragischen Todesfall dabei sind, (Mord, Selbstmord, Unfall) benötigen sie ebenso eine psychotherapeutische Begleitung, sowie eine Traumaauflösung.

Die Liebe gleicht einem Ring,
und der Ring hat kein Ende.

(Japanisches Sprichwort)

6. KAPITEL – WAS IST DER HIMMEL?

1. LOKALISATION DES HIMMELS

Als „Himmel" bezeichnet man den Ort, wo alle Seelen verweilen, wenn sie nicht auf einem Planeten inkarniert sind. Im Himmel gibt es eine hierarchische Ordnung. Geringere Energien haben höhere Energien zur Unterstützung und Anleitung.

Gott selbst ist eine Ansammlung an Seelen, die unvorstellbar groß ist. Gott (die universelle Einheit) weiß alles. Er sieht sich als Mischung aus weiblicher und männlicher Energie gleichermaßen. Seine Seelenanzahl verändert sich immer wieder. Dadurch erneuert Gott sich ständig. Er erfährt sich über jede einzelne Seele, egal ob sie gerade in seiner Einheit zugehörig ist oder ihre Ewigkeit als abgespaltene Seele lebt, bis sie wieder in seine Einheit zurückkehrt. Der Prozess des Wiedereintritts in die Einheit ist freiwillig. Keine Seele wird gezwungen, zur Urkraft (Gott) dazuzugehören. Sie kann auch abgespalten bleiben und z.B. als Erzengelsprecher weiterarbeiten und jüngere Seelen anleiten. In bestimmten Abständen spaltet Gott immer wieder neue Seelen von sich ab.

Gott befindet sich ständig überall, da seine Struktur alles Materielle und Feinstoffliche durchdringt.

2. WAS IST EIN ENGEL?

Der Begriff „Engel" bedeutet eigentlich dasselbe wie der Begriff „Seele". Man kann davon ausgehen, dass jeder Mensch nach seinem Tod und seiner Erlösung ein Engel ist.

Unterschieden werden dabei:

1. *Einzelne Seelen* = Seelen mit geringer Kraft

2. *Paarseelen* = Engel mit hoher Kraft, eigentlich die Verbindung zweier Seelen die zusammengehörig bleiben für eine Ewigkeit

3. *Heilige* = Zusammenschluss von mindestens 7 Seelenpaaren und damit ein Engel mit Heilkraftenergie

4. *Erzengel* = Zusammenschluss von mindestens 10 Seelenpaaren

Jede Seele (Engel) besteht in ihrer Grundstruktur aus kosmischer Energie. Diese Energie ist unsichtbar und elektromagnetisch. Sie besitzt eine Hochfrequenz der Bewegung. Diese kann von uns Menschen nicht erkannt werden. Auch die Intelligenz jeder Seele, kann nicht erklärt oder gemessen werden. Die Quantenphysik hat inzwischen zwar Neues an Energetik entdecken können, das Zusammenspiel und Wirken von Engeln ist jedoch noch wenig erforscht.

Engelsheilung wirkt auf folgender Basis:

Bevor ein Mensch erkrankt, ist seine Aura und sein Energiesystem geschwächt. Wird dieser Zustand nicht ausgeglichen, wird der Mensch körperlich krank. Eine Heilung kann über die Seele, über den Körper oder über die Energetik erfolgen.

Bei Engelsheilungen wird die Aura und das Energiesystem nachhaltig gestärkt, sodass der Mensch auch körperlich gesund wird. Je nachdem, wie stark die Heilkraft des Energetikers und des Engels ist, wird eine unterstützende oder eine völlige Heilung erwirkt.

Energetiker, die eine angeborene Begabung für Hellsicht und Channeling besitzen, haben eine sehr ausgeprägte Heilkraft. Erzengel Michael, Raphael und Gabriel sind unterstützende Heilengel, Metatron und Kryon sind in der Lage, eine Heilung mit starker Heilinformation durchzuführen.

3. ENERGETISCHE HEILUNG

Wer eine Heilung des Energiesystems bewirkt, gebraucht (egal, welche Methodik er anwendet) immer eine der folgenden Heilungsformen:

1. Kosmische Heilung
2. Engelsheilung
3. Pranaheilung
4. Heilung des Energiesystems

Alle diese Energieheilungen könnten bei Unvorsichtigkeit auch zu stark wirken. Deshalb ist es wichtig, dass der Energetiker achtsam vorgeht und seine Heilungen dem jeweiligen Menschen anpasst. Für jeden ist eine andere Intensität notwendig.

1. KOSMISCHE HEILUNG

Diese Lichtkraftheilung ist eine Kombination aus Pranaheilung und Engelsheilung.

2. ENGELSHEILUNG

Jedes Medium ist in der Lage, mit einem Engel Heilenergie zuzuführen. Die Methoden dafür sind vielfältig. Sobald jemand in der Lage dazu ist, Botschaften von einem Erzengel zu übermitteln, ist es häufig auch so, dass bei einer Energiearbeit eine Engelsheilung durchgeführt wird. Dabei ist es völlig egal, welche Methodik der Energetiker zusätzlich zum Channeln anwendet.

Engelsheilung ist die Zufuhr von Heillichtkraft. Nur medial begabte oder hellsichtige Menschen sind in der Lage, mit einem Engel zu heilen.

3. PRANAHEILUNG

Jeder Mensch ist in der Lage, zu erlernen, wie er eine Energiebehandlung durchführen kann. (Prana übertragen)

Prana ist Lichtenergie. Bei Reiki wird dieses Licht vom eigenen Körper übertragen, bei Pranaheilungen wird dieses Licht von einem Engel aufgenommen und gleichzeitig weitergeleitet. Weißes Licht hat geringere Heilkraft als färbiges Licht. Mit einer Pranaheilung wird die Aura gereinigt, die Chakren gereinigt und gestärkt, die Chakren in ihrer Kommunikation untereinander koordiniert und bestimmte Körperbereiche gestärkt und geheilt.

4. ENERGIESYSTEMHEILUNG

Das Energiesystem kann mit unterschiedlichen Arbeitsmethoden geheilt werden. (z.b. Akupunktur, Klangschalentherapie, Farblichttherapie, usw.)
Für solch eine Heilung ist eine Ausbildung erforderlich.

4. KONTAKTAUFNAHME ZU GOTT UND ENGELN

Jeder Mensch hat einen Schutzengel bei sich. Um einen bestimmten Engel zu rufen, oder zusätzliche Hilfe von Gott zu erhalten, muss der Mensch selbst aktiv werden.

Niemand auf der Erde ist auf sich alleine gestellt. Niemand erhält schlechte Erfahrungen von Gott. Gott ist Liebe. Der Mensch selbst bringt sich in Situationen, die negativ für ihn sind. Gott möchte, dass keiner leidet. Der Mensch selbst wählt diesen Weg in dem er Fehlentscheidungen trifft, aus karmischen Lebensmustern und Beziehungsmustern nicht herausfindet, seine Aura nicht ausreichend schützen kann. Dadurch erhält er negatives Schicksal oder negative leidvolle Erfahrungen.

5. KOMMUNIKATIONS-FORMEN EINES ENGELS

Jeder Engel hat die Möglichkeit, sich mit Menschen, Tieren, Pflanzen, anderen Seelen zu verständigen. Ein Medium ist in der Lage, Engel zu hören, visuell wahrzunehmen oder zu spüren. Je nach angeborener Begabung kann ein Medium Worte, Sätze, Schriften erhalten. Das Hören der Botschaft kommt immer innerlich als intensiver Gedanke, der von eigenen Gedanken klar und deutlich zu unterscheiden ist. Das Hören kommt nie von außen, das wäre eine psychische Beeinträchtigung und keine Medialität. Niemals würde ein Medium behaupten, selbst in der Lage zu sein, zu heilen. Engel kommunizieren mit Pflanzen und mit Tieren durch Energiezufuhr.

Engel untereinander haben die Möglichkeit, sich mittels Reimsprache, Zeichensprache und Energieverschmelzung auszutauschen. Jede einzelne Seele verbindet sich dauerhaft für eine Ewigkeit mit einer zweiten Seele. Mit anderen sind diese beiden lose in einem gruppenähnlichen Verband zusammen.

Auf der Erde hat jede Seele die Möglichkeit, über Erfahrungen ihr Bewusstsein zu erhöhen.

Jede Seele darf im Himmel während einer Besprechung mit der universellen Einheit (Gott) ihr nächstes Erdenleben wählen. Ebenso wählt die Seele selbst wichtige Lebensereignisse (z.b., Kinder, Berufe,...) Niemand ist gefangen in einem negativen Schicksal, Lebensmuster und Planungen können verändert werden.

6. WAS HAT GOTT MIT DER ERDE VOR?

Gott hat den Urknall bewirkt. Die Entwicklung der Erde ist bewusst geschehen. Kein Planet entsteht zufällig, ebenso verschwindet keine Materie zufällig.

Deshalb wird dieses Wissen rund um die Apokalypse hier nochmals erklärt:

APOKALYPSE bedeutet: Jesus Christus sprach davon, wieder zu kommen. Die Erde würde in Gut und Schlecht geteilt werden und er würde mit den Guten zu Gott gehen. Niemals bedeutet das, dass die Erde und das Leben auf ihr zerstört werden wird.

Gott möchte, dass jeder Mensch auf der Erde lernt. Das passiert automatisch. Die Menschen sollten sich dabei gegenseitig unterstützen und erkennen, dass sie aus einem Ganzen stammen und zusammengehören. Das ist es, was Jesus Christus mit „Brüder und

Schwestern" meinte. Unter „Vater" verstand er Vater und Mutter – also Gott. Alle Religionsträger sowie Propheten zeigen einen möglichen Weg zu Gott. Nicht jeder Weg ist für jeden Menschen stimmig und passend. Der Islam zeigt einen Weg der Kraft. Der Buddhismus zeigt die Gelassenheit. Das Christentum zeigt den Weg der Liebe, Kraft und Freude. Das Judentum zeigt den Weg des Friedens, der Kraft. Im Hinduismus wird ebenso der Weg des Friedens und der Kraft aufgezeigt.

Jeder Mensch ist anders. Deshalb benötigt auch jeder einen anderen Glaubenszugang.

Die 5 Weltreligionen bieten grundsätzlich für alle Menschen eine passende Möglichkeit, sich durch den Glauben zu stärken. In der nachfolgenden Übung kannst du deine eigene Tendenz zu einer bestimmten Religion testen.

ÜBUNG

Nimm dir ausreichend Zeit und setze dich gemütlich hin. Nun schließe entspannt deine Augen. Atme ruhig 10 mal ein und aus. Bitte deinen persönlichen „Gott" in Gedanken darum, dass du jetzt deine Seelenbegabung erkennen darfst. Vergiss dabei nicht, deinen vollständigen Namen zu nennen und die Bitte mit „Amen" abzuschließen. Öffne nun deine Augen und überlege, bei welchem der 5 folgenden Begriffe spürst du, dass du dich hingezogen fühlst?

ERDE
WASSER
FEUER
TIER
PFLANZE

An deiner Wahl erkennst du, welche der 5 Weltreligionen dir entspricht.

1. *Erde – Christentum*
2. *Wasser – Buddhismus*
3. *Feuer – Islam*
4. *Tier – Judentum*
5. *Pflanze - Hinduismus*

Wie du leicht erkennen kannst, sollten alle Religionen und auch andere Glaubensrichtungen zusammenarbeiten. Es gibt keinen „besseren" Glauben, da es auch nur eine universelle Einheit gibt. Schon alleine deshalb sollte es keine religiösen Verfeindungen mehr geben. Vielmehr wäre ein Informationsaustausch und ein „Miteinander-Glauben" angebracht. Toleranz und Respekt sind dabei die wichtigsten Voraussetzungen. Nicht jedes Wissen, das niedergeschrieben wurde, ist passend interpretiert. Religionen dürfen sich verändern und sich der Zeit anpassen. Nicht alles, was vor 2000 Jahren wichtig war, ist heute noch lebbar. Nicht alle Dogmen, die aus einzelnen Religionen entstanden sind, entsprechen dem Willen der universellen Einheit. Jeder sollte für sich selbst seine Glaubenssätze überdenken.

Der Mensch webt nicht das Netz des Lebens,
sondern ist in ihm nur ein Faden.
Was auch immer er dem Netz antut,
er tut es sich selbst an.

(Häuptling Seattle)

Quellenverzeichnis

Tolle Eckhart, *Jetzt Kalender 2017*, J.Kamphausen Bielefeld 2016 (Spruch Seite11)

Canfield Jack und Hansen Mark Viktor, *Hühnersuppe für die Seele*, Mosaik Goldmann Verlag, München, 4.Aufl 2007 (Sprüche Seite 9, 28, 76, 87)

Leibrock Felix, *Weg zur Quelle – Was uns die Weltreligionen sagen,* Rosenheimerverlag, Rosenheim 2007 (Spruch Seite 37)

Coverbild: Stock, Internet

Bildquelle Mandala: Pixabay, Internet